Es war Einmal

ROTKÄPPCHEN

ROTKÄPPCHEN

Es war einmal ein kleines Mädchen, das lebte mit seinen Eltern in einem Dorf im Wald. Seine Großmutter lebte weit weg in einem anderen Haus, mitten in demselben Wald. Die Großmutter hatte das Mädchen sehr lieb, daher schenkte sie ihm eines Tages einen roten Umhang mit einem roten Käppchen. Weil das Mädchen den Umhang mit dem Käppchen so gerne mochte und am liebsten gar nichts mehr anderes tragen wollte, wurde es im Dorf von allen nur noch "Rotkäppchen" genannt. Sowohl der Name als auch das Käppchen passten sehr gut zu dem Mädchen.

Eines Tages wurde die Großmutter krank. Rotkäppchens Mutter backte der Großmutter einen Kuchen und packte ihn in einen Korb. Dann rief sie Rotkäppchen. „Rotkäppchen, komm einmal zu mir. Deine Großmutter ist krank", sagte sie.

„Gehe zu ihr und bringe ihr diesen Kuchen. Ich bin sicher, sie wird sich über deinen Besuch freuen! Doch sei vorsichtig, im Wald können Gefahren auf dich lauern. Sprich nicht mit Fremden!" Rotkäppchen versprach der Mutter, auf der Hut zu sein.

Rotkäppchen nahm den Korb mit dem Kuchen und ging ihres Weges in den Wald hinein. Sie hatte großen Spaß unterwegs. Sie lauschte dem Zwitschern der Vögel und betrachtete die wunderschönen Blumen auf der Wiese. Rotkäppchen freute sich, ihre Großmutter zu besuchen und ihr den Kuchen zu bringen. Es war ein warmer, sonniger Tag, doch tief im Wald war es ziemlich dunkel, so dunkel, dass sie die zwei großen Augen hinter den Bäumen nicht bemerkte. Wem sie wohl gehörten?

Ein paar Schritte weiter begegnete Rotkäppchen einem Wolf. „Guten Morgen, Rotkäppchen. Was hast du denn da in deinem Korb? Und wo willst du hin?", fragte der Wolf sehr freundlich. „Ich habe Kuchen für meine Großmutter. Sie lebt mitten im Wald und ist krank", sagte Rotkäppchen.

Der Wolf schleckte sich das Maul. „Dieses Mädchen wäre ein zarter Leckerbissen", dachte er sich, „doch sie hier zu fressen ist nicht ganz ungefährlich, denn vielleicht ist der Jäger in der Nähe. Von dem will ich mich nicht erwischen lassen. Doch wenn ich es klug anstelle, bekomme ich das Mädchen und ihre Großmutter!"

„Nun, Rotkäppchen", sagte der Wolf, „wie wäre es, wenn wir deine Großmutter gemeinsam besuchen würden?" Rotkäppchen war ein liebes und vertrauensseliges Kind. Sie wusste nicht, was an der Idee falsch sein sollte. Sie dachte sogar, die Großmutter würde sich freuen, noch mehr Besuch zu bekommen. „Das ist eine gute Idee", sagte das Mädchen. Der Wolf lächelte heimtückisch, sein Plan schien aufzugehen. „Lass uns um die Wette laufen", schlug er vor. „Wie findest du das?" Noch bevor Rotkäppchen antworten konnte, war der große, böse Wolf schon davongerannt. Als das Mädchen am Wegesrand wunderschöne Blumen entdeckte, hielt es an, um der Großmutter einen Strauß zu pflücken.

Der Wolf aber lief in Windeseile zum Haus der Großmutter. Er klopfte an die Tür und wartete auf Antwort. „Wer ist da?", rief die arme Großmutter von ihrem Bett aus. „Ich bin es, Rotkäppchen", antwortete der Wolf mit verstellter Stimme. „Ich bringe dir Kuchen!" Er hoffte, die Großmutter würde ihn für ihre Enkelin halten. „Die Tür ist offen, komm doch herein, mein Liebes", rief die alte Dame. Der große, böse Wolf trat ein, lief zum Bett der Großmutter und verschlang sie mit Haut und Haaren.

Nun musste er schnell sein, bevor Rotkäppchen kam.
Der Wolf zog sich eilig ein Nachthemd der alten Dame an
und setzte sich ihre Haube auf. Dann schloss er die Vorhänge,
damit es im Haus schön dunkel war. Rotkäppchen sollte
nicht merken, dass er nicht die Großmutter war. Er sprang
ins Bett der Großmutter und wartete auf das Mädchen.
Es dauerte nicht lange, da erreichte Rotkäppchen das Haus
ihrer Großmutter. Zaghaft klopfte sie an die Tür. Sie
hoffte, ihre Großmutter würde nicht zu tief schlafen.

„Wer ist da?", flüsterte der Wolf. „Ich bin es, Rotkäppchen. Ich bringe dir Kuchen, damit du schnell wieder gesund wirst", sagte das kleine Mädchen. Der Wolf grinste. Ihm lief schon das Wasser im Maul zusammen. Alles schien nach seinem Plan zu laufen. „Komm herein, Liebes, die Tür ist offen", krächzte er und versuchte, die Stimme der Großmutter nachzuahmen. „Du klingst merkwürdig, Großmutter", rief Rotkäppchen. Sie fragte sich, was mit der Stimme ihrer Großmutter los war. „Sie ist krank, das wird es sein", dachte Rotkäppchen.

Dann betrat sie das Haus. „Komm zu mir, damit ich dich sehen kann", sagte der böse Wolf. Rotkäppchen erschrak, als sie ihre Großmutter so im Bett liegen sah. „Aber Großmutter, warum hast du so große Augen?", rief Rotkäppchen. „Damit ich dich besser sehen kann", antwortete der Wolf. „Und warum hast du so große Ohren?" „Damit ich dich besser hören kann." Rotkäppchen schaute sich die Großmutter genauer an.

„Aber Großmutter, warum hast du so ein entsetzlich großes Maul?", sagte das kleine Mädchen. „Damit ich dich besser FRESSEN kann", knurrte der Wolf. Mit diesen Worten tat er einen Satz aus dem Bett und verschlang Rotkäppchen! Mit vollem Bauch schlief der Wolf tief und fest ein.

19

Zum Glück kam der Jäger am Haus der Großmutter vorbei und hörte ein sehr lautes Schnarchen. Deshalb wollte er nachsehen, ob der Großmutter etwas fehlte. Aber im Bett lag der böse Wolf, und der Jäger ahnte, was passiert war. Rasch schnitt der tapfere Jäger dem Wolf den Bauch auf und befreite Rotkäppchen und die Großmutter. Danach füllten sie den Bauch des Wolfes mit großen, schweren Steinen und nähten ihn wieder zu. Als der Wolf aufwachte, wollte er schnell flüchten, aber durch die schweren Steine fiel er zu Boden, stolperte und starb.

Rotkäppchen, die Großmutter und der Jäger freuten sich, dass der große, böse Wolf nun tot war und ihnen nichts mehr tun konnte. Zum Glück war der Jäger rechtzeitig gekommen. Rotkäppchen umarmte ihre Großmutter. Jetzt würde sie bestimmt ganz schnell wieder gesund werden. Sie tranken Tee, aßen den Kuchen und lebten fortan glücklich und zufrieden bis an ihr Lebensende.

ENDE

DAS DSCHUNGELBUCH

DAS DSCHUNGELBUCH

An einem heißen Sommertag kam der schwarze Panther Baghira an den Fluss, um Wasser zu trinken. Er hörte ein Geräusch und fragte sich: „Was war das? Es hört sich an, als ob jemand weint." Dann entdeckte Baghira in einem Kanu auf dem Fluss ein hungriges Baby. „Armes kleines Ding. Ich bringe dich zu den Wölfen", sagte er. Deren Junge sind dir ähnlich."

Baghira brachte das Baby zu dem Leitwolf Akela. „Ich werde dieses Kind in mein Rudel aufnehmen", sagte Akela. Die Wölfe nannten das Baby Mogli und zogen es auf wie ihre eigenen Jungen. Mogli wuchs zu einem großen, starken Jungen heran. Eines Tages kam Baghira, um Mogli zu warnen: „Shir Khan, der menschenfressende Tiger, ist wieder im Dschungel! Du bist in Gefahr!" Sie beschlossen, den Dschungel sofort zu verlassen.

Baghira und Akela beschlossen, Mogli in das Dorf der Menschen zu bringen, denn dort wäre er in Sicherheit. Doch Mogli wollte das nicht. „Ich möchte im Dschungel bleiben! Ich bin glücklich hier!", rief der Junge. Wütend lief Mogli davon. Unterwegs traf er den Bären Balu. Balu heiterte Mogli mit lustigen Witzen und Tänzen auf. Der Junge und der fröhliche Bär wurden gute Freunde. Sie verbrachten viele Stunden mit Schwimmen, Schlafen und gemeinsamen Spielen in der Sonne.

„Es wird Zeit für ein Nickerchen", sagte Balu gähnend und suchte nach einem Platz zum Schlafen. Doch Mogli war nicht müde. Er hörte ein Trompeten im Dschungel. „Was das wohl ist?", fragte er sich. Er ließ Balu schlafend unter einem Baum zurück und folgte dem Geräusch. „Hathi und seine Elefantenherde kommen!",

rief er. Mogli hatte so viel Spaß mit den Elefanten, dass er sie auf ihrem Marsch durch den Dschungel begleiten wollte. Sie stampften durch den Dschungel und Mogli hatte bald vergessen, dass er bei Balu bleiben sollte.

Tiefer im Dschungel hörte Mogli einige Affen schreien und spielen.
Er war müde vom Gehen und die Affen hörten sich lustig an. „Baghira
lässt mich nie näher an die Affen heran, weil sie keine Regeln haben",
sagte Mogli. „Dabei sehen sie doch aus wie ich. Nur dass ich keinen
Schwanz habe!" Bald darauf schnappten sich die Affen Mogli und
begannen, mit ihm herumzualbern. Es war gar nicht so lustig
mit den Affen, wie er sich das gedacht hatte. Sie waren sehr laut!
Plötzlich vermisste Mogli seinen Freund Balu.

Zum Glück beobachtete der Greifvogel Chil
das Geschehen aus der Luft. Er flog durch den
Dschungel, um Baghira und Balu zu warnen.
Die beiden Freunde eilten zu der alten Schlange Kaa.

„Kaa, du musst uns helfen, Mogli aus den
Händen der Affen zu befreien", baten sie.
Kaa lenkte die Affen ab, damit Baghira und
Balu Mogli retten konnten. Er sprang Balu
auf den Rücken und ihnen gelang die Flucht.

Gemeinsam zogen sie weiter in Richtung des Menschendorfes. Doch dann gab es im Dschungel ein Unwetter, mit Donner, Blitzen und sintflutartigem Regen. „Schnell, such dir einen Unterschlupf!", rief Balu. Doch plötzlich sprang Shir Khan, begleitet von einem lauten Donner, aus dem Busch. Mogli und seine Freunde wussten nicht, dass Shir Khan ihnen gefolgt war.

„Endlich habe ich dich gefunden, Menschenkind. Du gehörst
mir!", knurrte der Tiger. Baghira und Balu versuchten,
Mogli zu schützen. Sie stürzten sich auf Shir Khan, damit
Mogli fliehen konnte, doch Shir Khan war zu stark.
Es donnerte und blitzte unaufhörlich. Baghira und Balu
kämpften weiter, doch Shir Khan schien mehr Kraft zu haben.

Plötzlich schlug direkt vor ihnen der Blitz ein. Der Baum vor Shir Khan begann zu brennen. Shir Khan war zwar stark, aber Mogli war klüger als der menschenfressende Tiger. Er hatte eine gute Idee. „Alle Tiere haben Angst vor Feuer!", rief er. Er ergriff einen brennenden Ast und band ihn Shir Khan am Schwanz fest. Mit lautem Gebrüll verschwand der Tiger im Dschungel. „Hurra, wir haben ihn verjagt!" Die Freunde tanzten vor Freude.

Als der Regen endlich aufhörte, merkten sie, wie nahe das Dorf war.

„Was ist das für ein Geräusch?", wunderte sich Mogli. Die drei Freunde hörten ein Mädchen singen, das am Fluss Wasser holte.

„Ich möchte sie aus der Nähe sehen", sagte Mogli und ging auf sie zu.

„Pass auf, Frauen machen nur Ärger", rief Balu.
Doch Mogli beachtete ihn nicht. Er wusste endlich,
wo er hingehörte: zu den Menschen. Und so lebten
sie glücklich und zufrieden bis an ihr Lebensende.

ENDE

DIE
DREI
KLEINEN
SCHWEINCHEN

DIE DREI KLEINEN SCHWEINCHEN

Es war einmal eine Schweinemutter, die lebte mit ihren drei kleinen Schweinchen in einem kleinen Haus am Rande des Waldes. Die drei kleinen Schweinchen waren sehr gefräßig und wurden jeden Tag größer. Die Schweinemutter liebte ihre Kinder, doch sie wusste auch, dass sie irgendwann lernen mussten, allein zurechtzukommen, daher sagte sie eines Tages zu ihnen: „Ihr seid jetzt groß genug. Es ist an der Zeit, dass sich jeder von euch ein Haus für sich selbst baut."

Den drei kleinen Schweinchen gefiel die Idee, von nun an für sich selbst zu sorgen. Dann könnten sie tun und lassen, was sie wollten. Am nächsten Tag schon packten sie ihre Sachen und zogen von zu Hause aus. „Hütet euch vor dem bösen Wolf", warnte die Schweinemutter sie zum Abschied. „Er versteckt sich im Wald." „Keine Angst, Mutter, wir passen auf", sagten die drei kleinen Schweinchen. Sie verabschiedeten sich voneinander und jedes ging seines Weges. Sie freuten sich auf die Abenteuer, die sie erwarteten.

Das jüngste Schweinchen ging aufs Feld hinaus. „Ich möchte Spaß haben und den ganzen Tag lang spielen", sagte es zu sich selbst. „Ich möchte meine Zeit nicht mit Arbeit vergeuden, deshalb baue ich mir ganz schnell ein Haus." Auf dem Feld entdeckte es Ballen aus Stroh und Heu. Es nahm einen großen Stapel mit und baute sich daraus ein Strohhaus mit einem Strohdach. Das Schweinchen war sehr stolz auf sein Haus, aber es war nicht sehr stabil. Und was das kleine Schweinchen nicht wusste: Der böse Wolf saß hinter einem Baum und hatte es die ganze Zeit beobachtet. Er wollte das kleine Schweinchen zum Abendessen verspeisen.

Während das erste Schweinchen sein Haus auf einem Feld baute, lief das zweite in Richtung Wald. Dort wollte es sein Haus bauen. Wie sein Bruder wollte es auch den ganzen Tag spielen. Das Schweinchen dachte: „Ich möchte meine Zeit nicht mit Arbeit vergeuden, deshalb baue ich mir auch ganz schnell ein Haus." Es sammelte eine Menge Äste und Stöcke vom Waldboden auf. Das Schweinchen machte sich an die Arbeit und bald schon war sein Holzhaus fertig. Es war sehr zufrieden mit seiner Arbeit. Genau wie das Haus seines Bruders war das Holzhaus zwar in kürzester Zeit fertig geworden, aber auch nicht sehr stabil.

Das dritte kleine Schweinchen war etwas klüger als seine kleineren Brüder. Es wollte sich sicher fühlen, daher beschloss es, ein stabiles Haus zu bauen.

„Ich möchte nicht von dem großen, bösen Wolf gefressen werden", sagte es sich. Es machte einen Plan und fing dann an zu bauen. Nach ein paar Tagen war sein hübsches, kleines Steinhaus fertig. Es war stabil und für die Ewigkeit gebaut. Ein Windstoß würde ihm nichts anhaben können. Das dritte kleine Schweinchen war sehr stolz auf das, was es geschafft hatte, und freute sich auf sein Leben in seinem neuen Zuhause im Wald.

Auf dem Feld wartete der große, böse Wolf, bis das erste kleine Schweinchen in sein neues Haus eingezogen war. Dann kam er aus dem Gebüsch und klopfte an die Tür. „Kleines Schweinchen, kleines Schweinchen, lass mich hinein", rief der große, böse Wolf mit tiefer Stimme, „oder ich werde husten und prusten und dein Haus zusammenpusten!" Das kleine Schweinchen erschreckte sich sehr. „Nein!", entgegnete es dem Wolf. „Ich lass dich nicht ins Haus herein." Der Wolf wurde sehr ärgerlich. Er holte ganz tief Luft und pustete nur einmal kräftig, und das Strohhaus des ersten kleinen Schweinchens fiel um. Das kleine Schweinchen rannte davon, so schnell es seine Beine trugen, bevor der Wolf es zu fassen bekam. Es musste seine Brüder finden!

Da der große, böse Wolf das erste kleine Schweinchen nicht fangen konnte, lief er in den Wald. Dort sah er das zweite kleine Schweinchen, das sein Haus aus Holz gerade fertiggebaut hatte. Der Wolf suchte gerade nach einem Versteck, als das erste kleine Schweinchen kam und ins Haus seines Bruders rannte. Der Wolf wollte die beiden kleinen Schweinchen nicht wieder entkommen lassen, also kam er aus seinem Versteck und ging zur Tür des Holzhauses. Ohne ein Wort hustete und prustete der große, böse Wolf und pustete auch das Holzhaus um. Die zwei kleinen Schweinchen fürchteten sich sehr, doch sie konnten im letzten Augenblick fliehen.

Das dritte kleine Schweinchen bereitete sich gerade auf die erste Nacht in seinem neuen Haus vor, als es an der Tür klopfte. „Öffne die Tür! Wir sind's!" riefen die beiden kleineren Brüder voller Angst. „Bitte lass uns schnell hinein, der große, böse Wolf ist hinter uns her und will uns fressen! Er hat unsere Häuser umgeblasen!" Die zwei kleinen Schweinchen waren sehr froh, ihren Bruder gefunden

zu haben. In seinem Steinhaus waren sie sicher. Doch dann klopfte es an der Tür. „Kleines Schweinchen, lass mich hinein", knurrte der große, böse Wolf mit seiner furchterregenden Stimme. „Nein!", riefen die drei kleinen Schweinchen. „Wir lassen dich nicht herein!" Der große, böse Wolf begann zu husten und zu prusten. Er pustete und pustete, bis er ganz blau im Gesicht wurde, doch das kleine Steinhaus bewegte sich keinen Zentimeter.

Dieses Haus aus Stein würde er niemals umblasen können. Die drei kleinen Schweinchen im Haus lachten. Der große, böse Wolf fasste einen neuen Plan, um die Schweinchen zu fangen. Kaum sahen die Schweinchen den Wolf nicht mehr, hörten sie ein Krabbeln im Kamin. Der große, böse Wolf war in den Schornstein geklettert. „Auuuuu!", schrie der Wolf, als er merkte, dass es im Kamin heiß war. Dann machte es *Platsch*. Der Wolf landete in einem großen Topf mit kochendem Wasser, den die Schweinchen auf das Feuer gestellt hatten.

Mit lautem Geschrei lief der große, böse Wolf davon.
Der Bruder ließ seine Geschwister noch ein paar Tage bei
sich wohnen, dann schickte er sie wieder in den Wald,
damit auch sie sich ein eigenes Steinhaus bauten.

Als alle drei Steinhäuser fertig waren, brauchten sich die drei kleinen Schweinchen nicht mehr vor dem Wolf zu fürchten. Und sie lebten glücklich und zufrieden bis an ihr Lebensende.

ENDE

SCHNEEWITTCHEN
UND DIE
SIEBEN ZWERGE

SCHNEEWITTCHEN UND DIE SIEBEN ZWERGE

Es waren einmal vor langer Zeit ein König und eine Königin. Sie waren sehr glücklich miteinander und erwarteten ein Baby. Eines Tages, als die Königin an ihrem Fenster nähte, stach sie sich mit der Nadel in einen Finger. Drei Tropfen Blut fielen in den Schnee auf dem Fensterrahmen. Beim Anblick des Blutes sagte sie: „Ich wünsche mir, dass unser kleines Mädchen eine Haut bekommt so weiß wie Schnee, Haare so schwarz wie Ebenholz und Lippen so rot wie Blut." Der Wunsch der Königin wurde wahr. Sie bekam ein wunderschönes Mädchen. Als der König und die Königin ihr Baby mit einer Haut so weiß wie Schnee sahen, beschlossen sie, es „Schneewittchen" zu nennen.

Doch das Glück währte nicht lange, denn schon bald nach der Geburt von Schneewittchen starb die Königin. Auch wenn der König sehr traurig war, so liebte er doch seine Tochter über alles. Oft spielten sie zusammen und gewöhnten sich daran, niemand anderen zu haben. Doch mit den Jahren fühlte sich der König sehr einsam. Deshalb heiratete er ein paar Jahre später wieder. Der König war wieder froh und Schneewittchen freute sich für ihren Vater. Von nun an hatte Schneewittchen eine Stiefmutter. Die neue Königin war nicht nur sehr hübsch, sondern auch stolz, gierig und eitel. Sie war nicht sehr nett zu Schneewittchen, nur selten sprach sie überhaupt mit ihr.

Die Königin hatte einen Zauberspiegel. Jeden Tag stellte sie sich davor und sagte: „Spieglein, Spieglein an der Wand, wer ist die Schönste im ganzen Land?" Der Spiegel antwortete stets: „Frau Königin, Ihr seid die Schönste hier." Als Schneewittchen heranwuchs, wurde sie von Tag zu Tag schöner. Doch sie hatte es nicht leicht mit ihrer eitlen Stiefmutter. Und als Schneewittchens Vater, der König, eines Tages überraschend starb, wurde es für Schneewittchen noch schlimmer. Eines Tages antwortete der Spiegel auf die Frage der Königin: „Frau Königin, Ihr seid die Schönste hier, aber Schneewittchen ist tausendmal schöner als Ihr." Die Königin war so verärgert, dass sie einem Jäger befahl, Schneewittchen in den Wald zu bringen und zu töten. Der Jäger tat, wie ihm befohlen, und führte Schneewittchen in den Wald. Doch er brachte es nicht übers Herz, sie zu töten. „Lauf davon, so schnell du kannst", sagte er.

Schneewittchen lief stundenlang durch den Wald. Sie wusste nicht, wohin sie gehen sollte. Sie war erschöpft. Doch plötzlich sah sie auf einer Lichtung ein kleines Haus. Sie klopfte an die Tür. Als sie keine Antwort bekam, ging sie hinein. Niemand war zu Hause, aber um einen kleinen Tisch standen sieben kleine Stühle und auf einem Herd stand ein großer Topf. Schneewittchen war von ihrer langen Wanderung durch den Wald so hungrig, dass sie etwas von dem Essen in dem Topf aß. Sie fand einige Kräuter im Garten, mit denen sie das Essen würzte. Nun schmeckte es wirklich köstlich. Nachdem sie die Küche sauber gemacht hatte, putzte sie im ganzen Haus. Sie hatte sonst nichts zu tun. Als alles sauber war, ging sie nach oben. Dort standen in einer Reihe sieben kleine Bettchen.

Als sie die Bettchen mit ihren weichen Decken und Kissen sah, wurde Schneewittchen plötzlich sehr müde. Sie gähnte, legte sich hin und schlief sofort ein. Während sie schlief, kamen die sieben Zwerge, die in dem Haus wohnten, von ihrer Arbeit zurück.

Sie waren überrascht, wie sauber und ordentlich es in der Küche war. Am Morgen war es noch ziemlich unordentlich gewesen. Noch überraschter waren sie allerdings, als sie das Schlafzimmer betraten. „Da schläft jemand in unseren Betten", flüsterte ein Zwerg. Das Mädchen schlief so schön und friedlich, dass sie es gar nicht stören wollten.

Als Schneewittchen am nächsten Morgen erwachte und die Zwerge um das Bett herum bemerkte, bekam sie einen Schreck, doch die Zwerge waren sehr freundlich zu ihr. „Wie heißt du?", fragten sie. „Ich heiße Schneewittchen", antwortete sie. Sie erzählte den Zwergen, was ihr zugestoßen war und welche bösen Absichten ihre Stiefmutter, die Königin, hatte. Als die Zwerge hörten, was geschehen war, luden sie Schneewittchen ein, bei ihnen zu bleiben. In ihrem Haus wäre sie gewiss sicher. Sie erklärten ihr, dass sie den ganzen Tag lang in einer Mine nach Diamanten suchten und sie so das Haus tagsüber für sich alleine haben würde.

Schneewittchen war sehr dankbar, bei den Zwergen ein neues Zuhause gefunden zu haben. Schnell wurden sie gute Freunde. Sie hatten jeden Tag viel Spaß miteinander. Während die Zwerge arbeiteten, putzte sie das Haus und kümmerte sich um den Garten. Dann kochte sie, damit die Zwerge nach ihrem langen Arbeitstag in der Mine etwas Gutes zu essen bekamen. Schneewittchen spielte auch gerne mit den Tieren im Wald. Nachts schlief sie tief und fest, denn sie war sehr zufrieden und fühlte sich sicher vor der bösen Stiefmutter.

Eines Tages stellte die böse Königin in ihrem Schloss dem Spiegel erneut die Frage: „Spieglein, Spieglein an der Wand, wer ist die Schönste im ganzen Land?" Und der Spiegel antwortete: „Frau Königin, Ihr seid die Schönste hier, aber Schneewittchen über den sieben Bergen bei den sieben Zwergen ist tausendmal schöner als Ihr." Als die Königin hörte, dass Schneewittchen noch am Leben war, wurde sie sehr wütend und heckte einen grausamen Plan aus: Sie braute ein Gift und schüttete es über einen roten Apfel. Wenn Schneewittchen auch nur einen Bissen von dem vergifteten Apfel aß, würde sie in einen tiefen Schlaf fallen und nie wieder aufwachen.

Um nicht von Schneewittchen erkannt zu werden, verkleidete sich die Königin als alte Frau und machte sich auf den Weg zum Haus der Zwerge. Die Zwerge waren gerade fröhlich pfeifend zur Arbeit gegangen. Schneewittchen schrubbte den Boden, als es an der Tür klopfte. Ängstlich öffnete sie die Tür, denn sie fürchtete noch immer, dass die Königin sie finden könnte. Doch vor ihr stand nur eine alte Frau. „Ich habe Äpfel für dich, schönes Mädchen. Diesen schenke ich dir", sagte die alte Frau. Schneewittchen bedankte sich höflich und biss herzhaft in den glänzenden, roten Apfel. Sobald sie den Bissen hinuntergeschluckt hatte, fiel sie zu Boden. Die Königin lachte nur böse und lief zurück in ihr Schloss.

Als die Zwerge von ihrer Arbeit nach Hause kamen, fanden sie Schneewittchen leblos am Boden ihres Hauses. Sie taten alles, um sie wieder aufzuwecken, doch es wollte ihnen nicht gelingen. Sie waren sehr traurig, denn sie hatten Schneewittchen sehr lieb. Deshalb bauten sie ihr einen Sarg aus Glas und schmückten ihn mit Gold und Diamanten.

Die Zwerge brachten den Glassarg auf eine Lichtung im Wald, nicht weit von ihrem Haus. So konnte einer der Zwerge immer bei Schneewittchen bleiben und sie bewachen. Auch die Tiere im Wald waren sehr traurig und besuchten Schneewittchen oft an ihrer Ruhestätte.

94

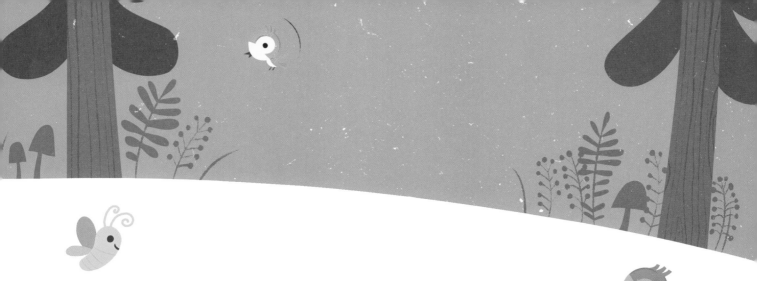

Eines Tages kam ein Prinz durch den Wald. Er sah die Zwerge neben dem Glassarg sitzen und ließ sich von ihnen berichten, was geschehen war. Als er Schneewittchen sah, verliebte er sich unsterblich in sie und wollte den Sarg unbedingt mitnehmen. Schweren Herzens erlaubten es die Zwerge, doch der Sarg fiel zu Boden. Der giftige Apfel rutschte aus Schneewittchens Hals und sie öffnete die Augen. Sofort verliebte sie sich in den Prinzen und wollte ihr ganzes Leben lang mit ihm zusammenbleiben. Die böse Königin traute ihren Ohren nicht, als der Spiegel ihr eines Tages antwortete: „Schneewittchen ist tausendmal schöner als Ihr." Kaum hatte sie das gehört, stockte ihr der Atem und sie starb. Schneewittchen und der Prinz aber lebten glücklich und zufrieden im Schloss des Prinzen. Und die sieben Zwerge? Sie besuchten Schneewittchen, sooft sie konnten.

ENDE

PINOCCHIO

PINOCCHIO

Der Puppenmacher Geppetto lebte allein in einem kleinen Haus. Seine Arbeit machte ihm Spaß, doch er war einsam. Daher beschloss er, eine Holzpuppe zu schnitzen, die wie ein echter Junge aussehen sollte. Als die Puppe fertig war, sagte Geppetto zufrieden: „Du sollst Pinocchio heißen und ich will dir ein guter Vater sein!" In dieser Nacht kam die blaue Fee. Sie berührte die Holzpuppe mit ihrem Zauberstab und Pinocchio erwachte zum Leben. Als Geppetto das am nächsten morgen sah, war er sehr glücklich! Er brachte Pinocchio das Sprechen und Gehen bei und erklärte ihm, dass er immer freundlich und ehrlich sein sollte. Pinocchio musste Geppetto versprechen, zur Schule zu gehen und lesen zu lernen. Er wollte ein echter Junge sein, deshalb versprach er es sofort. „Jetzt brauche ich nur noch ein Schulbuch", sagte Pinocchio. Der arme alte Mann verkaufte seine einzige Jacke, um Pinocchio ein Schulbuch kaufen zu können.

Am nächsten Tag ging Pinocchio mit seinem neuen Buch zur Schule. Doch es gab so viele neue Dinge für ihn zu entdecken, dass er die Schule ganz vergaß. Er fand ein Puppentheater und war enttäuscht, dass er kein Geld für den Eintritt hatte. Deshalb verkaufte er das Schulbuch, das er von Geppetto bekommen hatte, um eine Eintrittskarte zu

kaufen. Was hatte er für einen Spaß! Als er applaudierte und dabei in seine hölzernen Hände klatschte, entdeckte ihn der Puppenspieler. Erst glaubte er, die Holzpuppe ohne Schnüre sei bestenfalls als Feuerholz geeignet. Doch als Pinocchio ihm seine Geschichte und die seines armen Vaters erzählte, bekam er Mitleid und schenkte Pinocchio fünf Goldstücke.

Zufrieden machte sich Pinocchio auf den Weg nach Hause. Stolz betrachtete er die Goldstücke. Doch ein schlauer Fuchs und eine Katze wurden auf Pinocchio und seine fünf Goldstücke aufmerksam. Mit List wollten sie der kleinen Puppe das Gold abnehmen. „Hey, Puppe!", riefen sie. „Wir können ein Wunder vollbringen!" Pinocchio war sehr neugierig. „Wirklich? Und wie wollt ihr das machen?", fragte er. „Wenn wir deine Münzen im Feld der Wunder vergraben, wächst daraus ein Baum voller Goldstücke!", erklärten sie ihm. Pinocchio glaubte ihnen und zu dritt gingen sie erst einmal in ein Gasthaus, um dort zu essen und zu trinken. Alsbald verschwanden der Fuchs und die Katze und verkleideten sich als Räuber. Als Pinocchio später das Gasthaus verließ, lauerten sie ihm auf, raubten ihm den größten Teil seines Goldes und banden ihn an einen Baum. Dann rannten sie so schnell sie konnten davon.

So sehr Pinocchio sich auch bemühte, es gelang ihm nicht, sich selbst vom Baum loszubinden. Doch zum Glück kam die blaue Fee und brachte ihn nach Hause. Sie fragte ihn, was geschehen sei, doch Pinocchio bereute es, dass er nicht auf Geppetto gehört hatte, und erzählte deshalb der Fee nicht die Wahrheit.

Während Pinocchio alle möglichen Lügengeschichten auftischte, begann seine Nase zu wachsen. Je mehr er log, umso länger wurde seine Nase. Erst als er der Fee die Wahrheit sagte, schrumpfte sie wieder auf Normalgröße. „Ich möchte ein echter Junge sein", meinte er. „Wenn du wie ein guter Junge zur Schule gehst, wird sich dein Wunsch erfüllen", sagte die blaue Fee.

Am nächsten Tag machte sich Pinocchio erneut auf den Weg zur Schule. Unterwegs traf er wieder Fuchs und Katze. Doch anstatt aus seinen Fehlern zu lernen, fiel Pinocchio erneut auf ihre Lügen herein. Sie erinnerten ihn an das Feld der Wunder, und Pinocchio wollte seine noch verbliebenen Goldstücke dort vergraben, damit daraus Geldbäume wuchsen. Kaum hatte Pinocchio das Feld verlassen, kamen Fuchs und Katze zurück. Sie gruben die Münzen aus und nahm sie mit. Traurig und enttäuscht, dass er schon wieder hereingelegt worden war, ging Pinocchio nach Hause. Er suchte Geppetto, doch der Puppenmacher war weder zu Hause noch in seiner Werkstatt. Pinocchio suchte und suchte, aber er konnte Geppetto nicht finden.

Im Glauben, dass sein Vater fortgegangen sei, weil Pinocchio ihn belogen hatte, begab er sich zum Haus der blauen Fee. Da Geppetto nicht auffindbar war, schlug die Fee vor, Pinocchio solle bei ihr bleiben. Außerdem schickte sie ihn wieder zur Schule. „Wenn du brav lernst und freundlich bist", sagte sie, „wird dein Wunsch vielleicht wahr und du wirst ein echter Junge!"

So ging Pinocchio also zur Schule. Er bemühte sich, das zu tun, was Geppetto ihm aufgetragen hatte: gut, freundlich und ehrlich zu sein. Er lernte fleißig und wurde schnell zu einem der besten Schüler. Pinocchio hatte auch eine Menge Freunde in der Schule. Immer ein guter Junge zu sein, war nicht einfach. Pinocchio aber tat, was er konnte. Er war so ein guter Schüler, dass die blaue Fee eines Tages erklärte: „Pinocchio, ich bin stolz auf dich. Ich will mein Wort halten. Wenn du morgen aufwachst, wirst du ein echter Junge sein!"

Pinocchio freute sich, als die blaue Fee ihm sagte, er könne das Haus für eine Party schmücken und alle seine neuen Freunde einladen.

Auf dem Weg zu seinen Freunden stieß Pinocchio auf seinen besten Freund, der zufällig der ungezogenste Junge der ganzen Schule war. Dieser Junge erzählte ihm von einem Land namens Faulenzerland. Er sagte, dass es dort keine Schulen gäbe und die Kinder den ganzen Tag lang spielen durften. Pinocchio war so begeistert, dass er seine Party und das Versprechen der Fee vergaß und mit seinem Freund ging.

Die Jungen fühlten sich sehr wohl im Faulenzerland. Sie blieben monatelang dort und spielten. Doch was sie nicht wussten und nicht bemerkten war, dass sich die Kinder im Faulenzerland nach und nach in etwas anderes verwandelten.

Eines Tages erwachte Pinocchio und konnte seine Freunde nicht mehr finden. Als er sich im Raum umsah, bemerkte er, dass alle Kinder sich in Esel verwandelt hatten. Er erschrak, als er sah, dass auch ihm Eselsohren und ein Schwanz gewachsen waren.

Ein gemeiner alter Mann kam und erzählte den Eseln, dass er sie für viel Geld verkaufen wollte. Dann entdeckte er Pinocchio, der zwar Ohren und Schwanz eines Esels hatte, aber einen Körper aus Holz. „Niemand wird ihn kaufen", dachte der Mann und daher warf er Pinocchio ins Meer. Zum Glück verschwanden der Schwanz und die Eselsohren im kalten Wasser.

Da Pinocchio aus Holz war, ging er im Wasser nicht unter. Er vermisste Geppetto sehr, aber er hatte bereits alle Hoffnung aufgegeben, seinen Vater wiederzusehen.

Plötzlich tauchte ein riesiger Wal aus den Wellen auf. Pinocchio wollte davonschwimmen, doch er war nicht schnell genug. Das Tier öffnete sein Maul und verschlang Pinocchio. Tiefer und tiefer gelangte er in den Magen des Walfisches. Pinocchio hatte große Angst. Dann allerdings hörte er eine bekannte Stimme. Er schwamm etwas weiter und entdeckte ein Licht. Es befand sich in einem kleinen Boot, in dem Geppetto saß. Geppetto berichtete Pinocchio, dass er sich ein Boot gebaut hatte, um ihn zu suchen. Doch dann wurde er von dem Wal verschluckt. Wie glücklich waren sie, einander zu sehen!

Wieder kam die blaue Fee, um sie zu retten. Mit ihrem Zauber konnten Geppetto und Pinocchio aus dem Magen des Wales fliehen und durch das Blasloch oben an seinem Kopf entkommen. Zu Hause schwor Pinocchio, dass er nie wieder weglaufen würde.

Monatelang kümmerte er sich intensiv um den alten, kranken Geppetto. Als er hörte, dass auch die blaue Fee krank war, kümmerte er sich um beide. Eines Nachts besuchte die blaue Fee Pinocchio in einem Traum. Und mit einem Feenkuss ließ sie Pinocchios lang gehegten Wunsch wahr werden. Als er am nächsten Morgen aufwachte, war er ein richtiger Junge geworden – und sie alle lebten glücklich und zufrieden bis an ihr Lebensende.

ENDE

ASCHENPUTTEL

ASCHENPUTTEL

Es war einmal ein reicher Kaufmann, der hatte eine bezaubernde Frau und eine entzückende Tochter mit strohblondem Haar und tiefblauen Augen. Eines Tages wurde die Kaufmannsfrau krank und starb. Der Kaufmann und seine Tochter trauerten sehr. Nach einigen Jahren heiratete der Kaufmann eine Witwe, die sich um seine geliebte Tochter kümmern sollte. Sie hatte selbst zwei Töchter, die auf den ersten Blick sehr schön aussahen, aber im Herzen gemein und hässlich waren. Sie ließen die Kaufmannstochter die schmutzigste Hausarbeit machen, und weil sie deshalb immer so dreckig war, wurde sie von ihnen „Aschenputtel" genannt.

Eines Tages lud der König alle jungen Frauen im Königreich zu einem Ball ein. Auf dem Ball sollte sich sein Sohn, der Prinz, eine Gemahlin aussuchen. Als die Stiefschwestern von dem Ball erfuhren, riefen sie nach Aschenputtel. „Kämme uns die Haare, putze uns die Schuhe und hilf uns beim Anziehen, wir gehen ins Schloss zu einem Ball."

„Ach, wenn ich doch auch auf den Ball gehen könnte", seufzte Aschenputtel.

Sie bat ihre Stiefmutter, sie mitgehen zu lassen, doch die böse Frau lachte. „Was? Du, Aschenputtel!", spottete sie. „Du bist von oben bis unten schmutzig und möchtest auf einen Ball gehen? Du hast weder ein Kleid noch Schuhe!"

Als der Ball gekommen war, bestiegen die Stiefschwestern und die Stiefmutter voller Freude die Kutsche und ließen Aschenputtel allein zurück. Das arme Mädchen war einsam und traurig. „Warum darf ich nicht zu dem Ball?", flüsterte sie. „Wie könnte ich auch?", fragte sie sich selbst laut. „Ich habe kein schönes Kleid, keine Schuhe. Nichts." Aschenputtel ging in den Garten und dachte daran, wie schön es früher war. Tränen liefen ihr über die Wangen.

Da hörte sie plötzlich eine sanfte, freundliche Stimme. „Warum weinst du?", fragte sie. Die Stimme gehörte einer guten Fee.

„Trockne deine Tränen", sagte sie zu Aschenputtel. „Gehe in den Gemüsegarten und hole den größten Kürbis, den du finden kannst. Aschenputtel war überrascht und tat, wie ihr befohlen. Die Fee schwang ihren Zauberstab und plötzlich stand Aschenputtel in dem schönsten Ballkleid mit zierlichen Glasschuhen vor ihr. Der Kürbis hatte sich in eine goldene Kutsche verwandelt. „Jetzt", sagte die Fee, „hole mir sechs Mäuse und eine Ratte!" Aschenputtel lief in den Keller und kam mit den Tieren zurück. Die Fee berührte sie mit ihrem Zauberstab und sie verwandelten sich in sechs graue Pferde und einen Kutscher. „Und jetzt geh", sagte die Fee. „Aber wisse, Aschenputtel: Um Mitternacht endet dieser Zauber!"

Als sie am Schloss ankam, öffnete ein Diener die
Kutschentür und Aschenputtel fühlte sich wie in einem
Traum. Schnell machte es die Runde, dass eine unbekannte,
außergewöhnlich schöne Prinzessin angekommen sei.
Elegant schritt sie die lange Treppe zum Ballsaal hinauf.
Als sie ihn betrat, herrschte gespannte Stille. Alle waren
begeistert von Aschenputtel, auch der junge Prinz.
Er ging auf sie zu und bat mit einer noblen Geste um
den nächsten Tanz. Aschenputtel reichte ihm die Hand.

Und schon wirbelten sie über die Tanzfläche. Sie tanzten und tanzten ... beide strahlten vor Freude. Der Prinz verliebte sich sofort in Aschenputtel. Die anderen Jungfrauen hatten kaum mehr Hoffnung, die nächste Königin zu werden, als sie sahen, wie der Prinz und Aschenputtel miteinander tanzten. Der König und die Königin staunten. „Wenn unser Sohn klug ist", sagte der König, „dann sucht er nicht weiter." Aschenputtel war glücklich wie noch nie. Endlich ging ihr Traum in Erfüllung. Sie vergaß ihre böse Stiefmutter und die eifersüchtigen Stiefschwestern.

Doch plötzlich hörte Aschenputtel die Kirchenglocken schlagen. „Oh nein", dachte sie. „Es ist fast Mitternacht." Aschenputtel stürzte aus dem Ballsaal. So schnell sie in ihrem wunderschönen Ballkleid konnte, rannte sie die Treppen hinunter, doch in der Eile verlor sie einen ihrer Glasschuhe. Gerade als die Turmuhr zwölf schlug, sprang sie in ihre Kutsche und eilte nach Hause. Erstaunt blieb der arme Prinz mit dem Glasschuh in der Hand auf der Treppe zurück. Aschenputtels Kutsche kam kurz vor der ihrer bösen Stiefmutter und ihrer gemeinen Stiefschwestern an. Sie lief in das Haus und sprang schnell ins Bett.

Der Prinz machte in dieser Nacht kein Auge zu. Er konnte an nichts anderes denken als an die wunderschöne Prinzessin, mit der er getanzt hatte. Er fragte alle Bediensteten, wer sie wohl sein konnte oder wo sie hingegangen war, doch niemand konnte ihm helfen. Am nächsten Morgen ließ der Prinz im ganzen Land verkünden, dass alle jungen Frauen den Glasschuh anprobieren sollten, den der Prinz auf der Treppe gefunden hatte. Das Mädchen, dem dieser Schuh passte, sollte die nächste Königin werden. Der Prinz war bereit, durch das ganze Land zu reisen, egal wie lange es dauerte, um das geheimnisvolle Mädchen zu finden. Er würde erst zufrieden sein, wenn er sie gefunden hatte.

Eines Tages kam der Prinz mit seinen Dienern in das Dorf, in dem Aschenputtel lebte. Er klopfte an die Tür und bat darum, die Töchter des Hauses zu sehen. Natürlich wollten die gemeinen Schwestern den Schuh anprobieren. „Dieser Schuh passt mir!", behauptete die erste Stiefschwester.

„Nein, das tut er nicht", rief die andere. „Mir passt der Schuh!"
Doch der Schuh passte beiden nicht. Die Schwestern hatten
Aschenputtel in die Küche geschickt. Sie spähte durch das
Schlüsselloch. Als Aschenputtel sah, wie ihre Stiefschwestern ihre
breiten Füße in den Schuh quetschen wollten, kicherte sie.

Der Prinz hörte das Kichern des Mädchens und befahl der bösen Stiefmutter und ihren Töchtern, die Tür zu öffnen. Er winkte Aschenputtel zu, die sich unter den verächtlichen Blicken ihrer Stiefschwestern vor dem Prinzen niederließ. Sie hob ihren schlanken Fuß an und ... der Schuh passte wie angegossen! Der Prinz sah das Mädchen an und streichelte ihr über die Wange. Er erkannte ihr schönes Gesicht. „Willst du mich heiraten?", fragte er. Sie sagte „Ja", und er legte seinen Arm um Aschenputtel und küsste sie.

Eine Woche später fand eine Hochzeit statt, wie sie das ganze Königreich bis dahin nicht gesehen hatte. Stolz trug Aschenputtel ihre Glasschuhe, als sie den bezaubernden Prinzen heiratete. Und so lebten sie glücklich und zufrieden bis an ihr Lebensende.

ENDE

DER GESTIEFELTE KATER

DER GESTIEFELTE KATER

Es war einmal vor langer Zeit ein armer Müller, der hatte drei Söhne. Eines Tages starb der Müller und ließ seine drei Söhne allein zurück. Er vermachte dem ältesten Sohn seine Mühle, da er sie so weiterführen würde, wie sein Vater es getan hatte. Den Esel des Müllers erbte der zweite Sohn, der damit sein Glück versuchen wollte. Für den jüngsten Sohn blieb nur der Kater übrig. Der jüngste Sohn setzte sich auf einen Stein und seufzte „Ein Kater! Was in aller Welt fange ich mit einem Kater an?"

Der Kater, der neben seinem neuen Herrn lag, hörte diese Worte und sagte: „Was denkt Ihr von mir? Glaubt Ihr, ich bin weniger wert als eine alte Mühle oder ein verlotterter, alter Esel? Keine Angst, mein Herr. Gebt mir einen Mantel, einen Hut mit einer Feder, einen Sack und ein paar Stiefel. Ihr werdet schon sehen, was ich tun kann!"

Der Junge war nicht überrascht, dass der Kater sprechen konnte, denn damals war das für Katzen ganz normal. Er gab dem Kater, wonach er verlangte, und dieser machte sich zufrieden und fröhlich auf den Weg. „Blickt nicht so traurig drein, Herr!", rief er im Weggehen, „ich bin in Windeseile wieder zurück."

Flink, wie er war, fing der Kater ein Kaninchen und steckte es in den Sack. Dann ging er weiter. Bald schon kam er an einen Palast. Er klopfte an das Schlosstor und bat um eine Audienz beim König. Der Kater nahm mit einer edlen Geste den Hut ab und erklärte: „Majestät, der berühmte Graf von Carabas schickt Euch dieses Kaninchen als Geschenk." „Oh", sagte der König. „Vielen Dank." „Morgen kehre ich zurück", entgegnete der Kater und ging. Am nächsten Tag kam er mit einigen Rebhühnern. „Ein weiteres Geschenk des Grafen von Carabas", verkündete der Kater.

„Dieser Graf von Carabas ist aber ein höflicher Edelmann",
bemerkte die Königin. In den kommenden Tagen besuchte
der gestiefelte Kater, wie er im Palast genannt wurde, regelmäßig
den König. Im Namen des Grafen von Carabas brachte er
ihm und der Königin Kaninchen, Hasen und Lerchen.
Die Königin wollte mehr über diesen großzügigen Mann wissen,
der sie mit Geschenken überhäufte. „Ist dein Herr jung und
attraktiv?", fragte sie den Kater. „Oh ja, und sehr reich obendrein!",
antwortete der gestiefelte Kater. „Es wäre ihm eine Ehre, Euch
und den König in seinem Schloss zu begrüßen." Die Königin
nahm die Einladung an.

Bald schon sprachen alle Bediensteten im Palast über diesen Edelmann, der dem König und der Königin immer wieder Geschenke machte. „Er muss ein hervorragender Jäger sein", bemerkte jemand. „Er muss dem König sehr ergeben sein", sagte jemand anderes. „Aber wer ist er? Ich habe noch nie von ihm gehört!"

Als der Kater nach Hause zurückkehrte und seinem Herren erklärte, dass der König und die Königin ihm einen Besuch abstatten würden, erschrak der junge Mann. „Was sollen wir bloß tun?", klagte er. „Sobald sie mich und mein kleines Haus sehen, wissen sie, wie arm ich bin!" Der junge Mann wusste nicht weiter. „Keine Sorge, mein Herr. Überlasst das ruhig mir", antwortete der gestiefelte Kater. „Ich habe einen Plan."

Der Kater brachte dem König und der Königin weiterhin Geschenke. Dabei erfuhr er eines Tages, dass sie mit der Prinzessin am Nachmittag eine Ausfahrt mit der Kutsche machen wollten. Der Kater lief begeistert nach Hause. „Kommt mit, mein Herr", rief er. „Es wird Zeit für meinen Plan. Ihr müsst zum Fluss und ein Bad nehmen." „Aber ich kann nicht schwimmen", antwortete der junge Mann. „Das macht nichts", sagte der gestiefelte Kater. „Vertraut mir." Sie gingen zum Fluss und sobald die Kutsche des Königs kam, stieß der Kater seinen Herren ins Wasser. „Hilfe!", rief der Kater. „Der Graf von Carabas ertrinkt!" Der König hörte die Schreie des Katers und schickte seine Eskorte, um den Grafen zu retten. Die Hilfe kam gerade noch rechtzeitig. Der König befahl, dass jemand dem Grafen von Carabas neue Kleider bringen sollte.

„Wollt ihr nicht diesen attraktiven und großzügigen Mann heiraten?", fragte die Königin die Prinzessin. „Oh ja, Mutter", antwortete die Prinzessin. Doch der gestiefelte Kater hörte, wie jemand sagte, zunächst müsse herausgefunden werden, wer der Graf tatsächlich sei. „Er ist sehr reich", sagte der gestiefelte Kater. „Ihm gehört das Schloss dort drüben und all das Land dazu. Kommt und seht selbst. Wir treffen uns im Schloss." Mit diesen Worten eilte der Kater davon in Richtung Schloss. Unterwegs befahl er den Bauern, die auf den Feldern um das Schloss herum arbeiteten: „Wenn ihr gefragt werdet, wer euer Herr ist, dann antwortet: ‚Der Graf von Carabas.' Ansonsten wird es euch schlecht ergehen!" Die Bauern taten, wie ihnen geheißen. Als einige Augenblicke später die Kutsche des Königs vorbeikam, sagten die Bauern dem König, dass ihr Herr der Graf von Carabas sei, genau wie der Kater es ihnen befohlen hatte.

In der Zwischenzeit kam der gestiefelte Kater im Schloss an, das einem großen, grausamen Zauberer gehörte. Bevor er das Schloss betrat, hielt der gestiefelte Kater einen Augenblick lang inne. „Ich muss sehr vorsichtig sein, sonst komme ich vielleicht nicht lebend hier raus!" Der Kater klopfte und wartete. Einige Minuten später hörte er, wie sich schwere Schritte näherten.

Als das Tor aufging, stand der große Zauberer vor ihm.

Der gestiefelte Kater zog seinen Hut und sagte: „Herr

Zauberer, ich möchte Euch meinen Respekt erweisen!"

„Was willst du, Kater?", fragte der Zauberer. „Nun, mein Herr, ich habe gehört, dass Ihr große Zauberkraft besitzt. Es heißt, Ihr könnt Euch in einen Löwen oder Elefanten verwandeln. Stimmt das? Könnt Ihr das wirklich?", fragte der Kater.

„Das kann ich", sagte der Zauberer. „Was sagst du dazu?" „Gut", erwiderte der gestiefelte Kater. „Es heißt, dass Ihr Euch nicht in eine kleine Gestalt verwandeln könnt, wie, sagen wir, eine Maus ..." „Wirklich? Das sagt man?", rief der Zauberer. Der Kater nickte. „Und ich glaube, die Leute haben recht. Ihr könnt Euch nicht in eine Maus verwandeln." „Ach ja? Und was ist das?", fragte der Zauberer und verwandelte sich augenblicklich in eine winzig kleine Maus. Schnell wie der Blitz stürzte sich der Kater auf die Maus und verschlang sie!

Dann lief der gestiefelte Kater zum Schlosstor, um die Kutsche des Königs willkommen zu heißen. Ein Bediensteter öffnete die Kutschentür. Mit einer tiefen Verbeugung sagte der gestiefelte Kater: „Majestät, willkommen im Schloss des Grafen!" Der Müllerssohn, der in seinen neuen Kleidern nun wie ein Graf aussah, stieg gemeinsam mit dem König, der Königin und der Prinzessin aus der Kutsche. Der König sagte: „Werter Graf, Ihr seid ein feiner Mann mit viel Land und einem schönen Schloss! Seid Ihr verheiratet?"

„Nein", antwortete der junge Mann, „aber ich suche nach einer Frau."

Er blickte der Prinzessin in die Augen und sie lächelte ihn an. Schon kurze Zeit später heiratete der Müllerssohn, der nun der Graf von Carabas war, die Prinzessin, und sie lebten im Schloss des Zauberers glücklich und zufrieden bis an ihr Lebensende.

Hin und wieder grinste der Kater und flüsterte: „Seht, mein
Herr, ich bin sehr viel mehr wert als ein Esel oder eine Mühle!"

ENDE

GOLDLÖCKCHEN
UND DIE
DREI BÄREN

GOLDLÖCKCHEN
UND DIE DREI BÄREN

☙

Es war einmal ein kleines Mädchen mit wunderschönem, blondem Haar. Es glänzte in der Sonne wie echtes Gold. Seit ihrer Geburt wurde sie daher „Goldlöckchen" genannt. Goldlöckchen lebte mit ihren Eltern in einem Haus am Waldrand. Als sie älter wurde, begann sie, den Wald in der Umgebung zu erkunden. Goldlöckchen spazierte gerne unter den Bäumen entlang und spielte mit den Tieren. Sie war ein fröhliches Kind und die Tiere waren ihre besten Freunde. Außerdem war Goldlöckchen voller Neugierde. Sie wollte am liebsten alles wissen.

Eines sonnigen Morgens ging Goldlöckchen wie immer in
den Wald. Neugierig, wie sie war, folgte sie einem Kaninchen,
um zu erfahren, was Kaninchen den ganzen Tag über so tun.

Sie war so sehr damit beschäftigt, dem Kaninchen zu folgen, dass sie nicht bemerkte, wie tief sie in den Wald geriet. Nach einer Weile kam sie zu einem kleinen Haus auf einer Lichtung. Sie hatte es noch nie zuvor gesehen. „Wie schön es ist!", sagte sie zu dem Kaninchen. „Ich werde hineingehen, um zu erfahren, wer darin wohnt." Ein fremdes Haus ohne Einladung zu betreten, war unhöflich, das wusste sie. Doch ihre Neugierde war zu groß.

Goldlöckchen betrat das Haus und ging in die Küche.
Auf dem Küchentisch standen drei Schüsseln mit Haferbrei:
eine große Schüssel, eine mittlere Schüssel und eine kleine Schüssel
„Hmmm, ich liebe Haferbrei!", sagte das kleine Mädchen. Nach ihrem langen
Spaziergang durch den Wald war Goldlöckchen sehr hungrig. Sie wollte
nur so viel vom Haferbrei kosten, dass das Hungergefühl verschwand.
Ohne weiter nachzudenken, nahm sie einen Löffel und probierte den
Haferbrei in der größten Schüssel. „Oh nein, dieser Haferbrei ist zu heiß!",
rief sie. Dann kostete sie den Haferbrei in der mittleren Schüssel, aber
der war ihr zu kalt. Schließlich kostete sie den Haferbrei in der kleinen
Schüssel. Dieser war gerade richtig und so aß sie die ganze Schüssel leer.

Nun war sie satt und konnte den Rest des Hauses erkunden. Sie ging ins Wohnzimmer. Vor dem Kamin standen drei Sessel: ein großer, ein mittlerer und ein kleiner Sessel. Goldlöckchen setzte sich in den großen Sessel, aber der war viel zu hart. Dann probierte sie den mittleren Sessel aus, aber der war viel zu weich. Schließlich schaute sie sich den kleinen Sessel an. „Dieser Sessel sieht bequem aus und hat genau die richtige Größe für mich", dachte sie. Sie setzte sich in den kleinen Sessel, aber – KNACK! – ein Bein brach ab. Goldlöckchen versuchte, den Sessel zu reparieren, aber dabei brach er ganz zusammen.

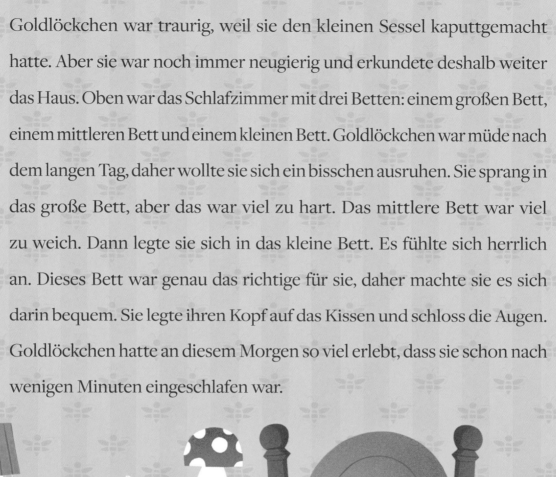

Goldlöckchen war traurig, weil sie den kleinen Sessel kaputtgemacht hatte. Aber sie war noch immer neugierig und erkundete deshalb weiter das Haus. Oben war das Schlafzimmer mit drei Betten: einem großen Bett, einem mittleren Bett und einem kleinen Bett. Goldlöckchen war müde nach dem langen Tag, daher wollte sie sich ein bisschen ausruhen. Sie sprang in das große Bett, aber das war viel zu hart. Das mittlere Bett war viel zu weich. Dann legte sie sich in das kleine Bett. Es fühlte sich herrlich an. Dieses Bett war genau das richtige für sie, daher machte sie es sich darin bequem. Sie legte ihren Kopf auf das Kissen und schloss die Augen. Goldlöckchen hatte an diesem Morgen so viel erlebt, dass sie schon nach wenigen Minuten eingeschlafen war.

Während Goldlöckchen in dem kleinen Bettchen tief und fest schlummerte, kamen die Bewohner des Hauses zurück. Es war eine Bärenfamilie. Sie lebten in ihrem kleinen Haus im Wald ein ruhiges und zufriedenes Leben und waren an diesem Morgen zu einem Spaziergang an die frische Luft gegangen, bis ihr Haferbrei abgekühlt sein würde. „Was ist denn hier passiert?", fragte Papa Bär, als er merkte, dass die Tür offen stand. „Ich habe die Haustür ganz bestimmt zugemacht." Langsam gingen sie durch den Garten auf das Haus zu und blickten durch ein Fenster. Kein Geräusch war drinnen zu hören, daher betraten sie das Haus und gingen in die Küche.

Als sie am Küchentisch saßen, bemerkte Baby Bär als Erster, dass etwas nicht stimmte. „Oh nein, Mama, schau!", schrie Baby Bär. „Jemand hat meinen Haferbrei aufgegessen! Ich bin so hungrig und hab mich so darauf gefreut!" „Auch von meinem Brei hat jemand gegessen!", rief Mama Bär überrascht.

„Was in aller Welt geht hier vor? Ich verstehe nicht, warum jemand hereinkommt und unser Essen isst. Das ist komisch!", sagte sie. „Aber von meinem Haferbrei hat auch jemand gegessen!", rief Papa Bär.

184

Als Familie Bär ins Wohnzimmer kam, waren sie alle erst recht verwundert: „Du meine Güte! Was ist denn da passiert?", schrie Mama Bär und zeigte auf ihr Strickzeug auf dem Boden. „Es sieht aus, als wäre ein Wirbelwind durch unser Haus gefegt!" Dann begann Baby Bär zu weinen. „Mein Sessel! Jemand hat meinen Sessel kaputtgemacht!" Erst hatte jemand seinen ganzen Haferbrei gegessen und nun war sein kleiner Sessel kaputt. Dicke Tränen liefen Baby Bär über die pelzigen Wangen und seine Schultern zitterten. Mama Bär tröstete ihr Baby, während Papa Bär die Treppe hinaufging. „Wenn ich den Schurken kriege, der das alles getan hat, muss er schnell rennen!", sagte er wütend.

Die drei Bären stürmten ins Schlafzimmer und blieben wie angewurzelt stehen. Da lag ein kleines, blondes Mädchen in Baby Bärs Bett und schlief. Sie musste ziemlich erschöpft gewesen sein, denn sie schlief ganz friedlich weiter, als die drei hereinkamen. „Dieses kleine Mädchen hat in unserem Haus so ein Durcheinander angerichtet?", fragte Mama Bär. „Sie sieht aber gar nicht wie ein Schurke aus",

sagte Baby Bär. Die drei Bären lachten. Sie hatten sich vor einem kleinen Mädchen gefürchtet, das wahrscheinlich nur hungrig und müde war. „Sie sieht nett aus", sagte Mama Bär und betrachtete das Mädchen mit dem golden schimmernden Haar freundlich. Baby Bär stimmte ihr zu.

Die Stimmen der Bären weckten Goldlöckchen aus ihrem Schlaf. Sie setzte sich kerzengerade im Bett auf und fürchtete sich vor den drei Bären, die um das Bett herumstanden.

„Oh weh, was mache ich jetzt?", fragte sie sich.

Sie sprang aus dem Bett und lief, so schnell sie konnte,

an den Bären vorbei aus dem Zimmer, die Treppe

hinunter und in den Wald hinein.

Zu Hause angekommen, erzählte sie ihrer Mutter, was geschehen war.
Ihre Mutter sagte ihr, sie müsse morgen noch einmal zurückgehen
und sich bei den drei Bären entschuldigen.

Auch wenn sich Goldlöckchen ein
wenig davor fürchtete, noch einmal
in dieses Haus zu gehen, tat sie es.
Und siehe da, Baby Bär und Goldlöckchen
wurden die allerbesten Freunde!

ENDE

ALICE IM WUNDERLAND

ALICE IM WUNDERLAND

Alice langweilte sich. Sie saß mit ihrer großen Schwester am Flussufer und hatte nichts zu tun. Ihre Schwester las ein Buch, doch das interessierte Alice nicht, denn in dem Buch waren keine Bilder. Kein einziges! Plötzlich huschte ein weißes Kaninchen an Alice vorbei. „O weh, o weh! Ich werde zu spät kommen!", murmelte das Kaninchen, als es seine Uhr aus der Westentasche zog. Es sah auf die Uhr und lief schnell weiter. „Was war das denn?", fragte sich Alice. Neugierig sprang sie auf und folgte dem Kaninchen in ein Loch unter einem Baum.

Plötzlich stürzte Alice in den Kaninchenbau. Es schien, als würde sie endlos in einen tiefen Brunnen fallen, doch da waren Bücherregale und Küchenschränke an den Wänden. Dann – RUMMS! Sie landete in einem langen Gang mit verschlossenen Türen. Einige waren riesig groß, andere winzig. Alice sah sich um und entdeckte einen Tisch mit drei Beinen, auf dem nur ein kleiner goldener Schlüssel lag. Mit diesem Schlüssel ließ sich eine der kleinen Türen aufschließen. Sie öffnete die Tür. Alice kniete sich hin und blickte durch die Tür in den schönsten Garten, den sie je gesehen hatte, doch ihr Kopf passte kaum durch den Eingang. Sie ging zurück zu dem Tisch. Dort erblickte Alice nun eine kleine Flasche mit einem Schildchen, auf dem „TRINK MICH" stand. Sie legte den Schlüssel auf den Tisch, trank einen Schluck aus der Flasche und schrumpfte. Doch die kleine Tür war wieder verschlossen und nun war sie selbst zu klein, um an den Schlüssel zu gelangen.

Ihr Blick fiel auf einen kleinen Glaskasten unter dem Tisch. Darin lag ein sehr kleiner Kuchen, auf dem stand: „ISS MICH." Alice aß den Kuchen und wurde sofort so groß, dass ihr Kopf an der Decke anstieß.

Sie begann zu weinen, denn nun war sie zu groß, um durch die Tür zu passen. Als das weiße Kaninchen sie hörte, erschien es hinter einer Tür und machte Alice kleiner. Nun war sie wieder zu klein, um an den Schlüssel auf dem Tisch zu gelangen. Schlimmer noch, Alice stand bis zum Hals im Wasser, denn ihre riesigen Tränen hatten den ganzen Gang überflutet.

Das Wasser wurde alsbald von einigen Tieren bevölkert. Da waren eine Ente, ein Bär und eine Giraffe zusammen mit anderen merkwürdige Kreaturen. Alle plantschten im See der Tränen.

Im nächsten Moment lösten sich der Tränensee und der große Gang in Luft auf, und Alice sah das weiße Kaninchen wieder vorbeilaufen. Es suchte nach einem Fächer und einem Paar weißer Handschuhe. Das Kaninchen bat Alice, bei ihm zu Hause danach zu suchen. Kaum hatte Alice das niedliche Haus des Kaninchens betreten, fand sie den Fächer und die Handschuhe. Dann entdeckte sie weitere kleine Fläschchen. Alice trank daraus und wieder fühlte sie ihren Kopf an die Decke stoßen. Im nächsten Augenblick kam ein Schauer aus kleinen Kieseln zum Fenster herein. Kaum berührten sie den Boden, verwandelten sie sich in kleine Kuchen. Schnell aß Alice einen davon und schrumpfte wieder.

So schnell sie konnte, rannte sie aus dem Haus und befand sich kurz darauf in einem Wäldchen. „Als Erstes muss ich meine richtige Größe wiedererlangen", dachte sie. „Als Zweites muss ich den Weg zu dem wunderschönen Garten finden. Und ich schätze, ich muss auch etwas essen oder trinken, aber was?" In der Nähe stand ein großer Fliegenpilz. Sie stellte sich auf die Zehenspitzen und blickte über den Rand des Pilzes, direkt in das Gesicht einer großen, blauen Raupe mit einer Brille. Die Raupe sagte zu Alice: „Auf der einen Seite des Pilzes wirst du größer und auf der anderen Seite wirst du kleiner." Kaum hatte sie das ausgesprochen, verschwand die Raupe wieder. Sehr vorsichtig bewegte sich Alice von der einen Seite des Pilzes auf die andere, mal wurde sie größer, mal kleiner, bis sie ihre normale Größe wiederhatte.

Als sie den Wald verließ, begegnete Alice zufällig
der Grinsekatze. „Komm mit mir", sagte die und
zeigte Alice den Weg zum Haus des Märzhasen.
Vor dem Haus stand ein Baum und unter
dem Baum ein Tisch. Dort saßen der Märzhase,
der verrückte Hutmacher und eine Haselmaus und tranken Tee.
Für sie war immer Teezeit. Da sie nie Zeit für den Abwasch hatten,
standen eine Menge Teetassen und Teller auf dem Tisch herum.

Alice setzte sich auf einen Stuhl und ließ sich Geschichten und Rätsel erzählen. Irgendwann wurde ihr das verrückte Geschwätz zu viel. Sie verließ den Tisch und stieß auf eine Tür, die zufällig zurück in den Gang führte, in dem sie ursprünglich gelandet war. Diesmal passte sie irgendwie durch den kleinen Eingang zu dem wunderschönen Garten mit den prächtigen Blumenbeeten und dem erfrischenden Springbrunnen.

Als Alice den Garten betrat, entdeckte sie einen großen Rosenbusch mit weißen Rosen. Drei Gärtnerinnen waren eifrig damit beschäftigt, die Rosen rot anzumalen. Sie erklärten ihr, dass die Herzkönigin nur rote Rosen haben wollte. In diesem Moment trafen der Herzkönig und die Herzkönigin ein. Die Königin war nicht gerade die freundlichste Person, die Alice im Wunderland kennen gelernt hatte. Immer wenn sie etwas ärgerte, rief sie: „Ab mit dem Kopf!" Alice nahm an dem merkwürdigsten Krocketspiel teil, das sie je gespielt hatte.

Nach dem Krocketspiel brachte die Herzkönigin Alice zu dem
Greif, der sie wiederum zur falschen Schildkröte brachte.
Die falsche Schildkröte erzählte Alice von ihrer Schulzeit
und stellte ihr alle anderen Tiere vor. Diese tanzten um Alice
herum, während die falsche Schildkröte ein Lied sang. Plötzlich
hörte Alice in der Ferne den Ruf „Der Prozess beginnt!".
Alice wurde an den Gerichtshof gebracht, wo Herzkönig
und Herzkönigin auf ihren Thronen saßen, umgeben von

einer großen Menschenmenge, in der sich ein erbärmlich aussehender Herzbube befand. Auch das weiße Kaninchen war da. In der einen Hand hielt es eine Trompete, in der anderen eine Pergamentrolle. Die Herzkönigin befahl dem weißen Kaninchen, aus der Pergamentrolle vorzulesen. „Die Herzkönigin machte die Torten zur schönen Sommerzeit. Der Herzbube stahl die Torten und brachte sie beiseit!"

AB MIT DEM KOPF!!!

Plötzlich überkam Alice ein merkwürdiges Gefühl. Sie schien erneut größer zu werden. Sie beschloss, so lange am Gerichtshof zu bleiben, wie sie dort noch Platz hatte. Der verrückte Hutmacher, die Köchin der Herzen und Alice wurden – zu ihrer Verwunderung – als Zeugen aufgerufen. Für Alice war dieser Prozess der reine Unsinn. Sie begann sich mit dem König und der Königin zu streiten, bis die Königin schrie: „Runter mit ihrem Kopf!"

Doch Alice war inzwischen so groß geworden, dass sie sich nicht vor der Königin fürchtete. „Ihr seid nichts anderes als ein Kartenspiel", rief sie. Kaum hatte sie diese Worte gesprochen, flog das ganze Kartenspiel in die Luft und auf sie herab. Alice versuchte, die Karten abzuwehren ... bis sie aufwachte, mit dem Kopf im Schoß ihrer Schwester liegend. Ihre Schwester wischte sanft einige Blätter beiseite, die von einem Baum auf sie herunterfielen. „Wach auf, liebe Alice! Du hast nur geträumt", sagte sie.

War es wirklich ein Traum?
Von da an tauchte Alice,
immer wenn sie schlief,
in ihr Wunderland ein und
verbrachte die ganze Nacht
mit ihren Freunden.

ENDE

DIE
BREMER
STADTMUSIKANTEN

DIE BREMER STADTMUSIKANTEN

Es war einmal ein alter Esel, der arbeitete in einer Mühle. Viele Jahre lang musste er für seinen grausamen Herren Säcke zur Mühle schleppen. Als er alt wurde, ließen seine Kräfte nach, sodass ihm das Arbeiten immer schwerer fiel. Schon bald hörte er seinen Herren darüber reden, dass er ihn so einfach wie möglich loswerden wollte. Der Esel wusste, dass das nichts Gutes bedeutete, und lief davon. Er machte sich auf den Weg in die Stadt Bremen. Dort wollte er ein Leben als Stadtmusikant führen.

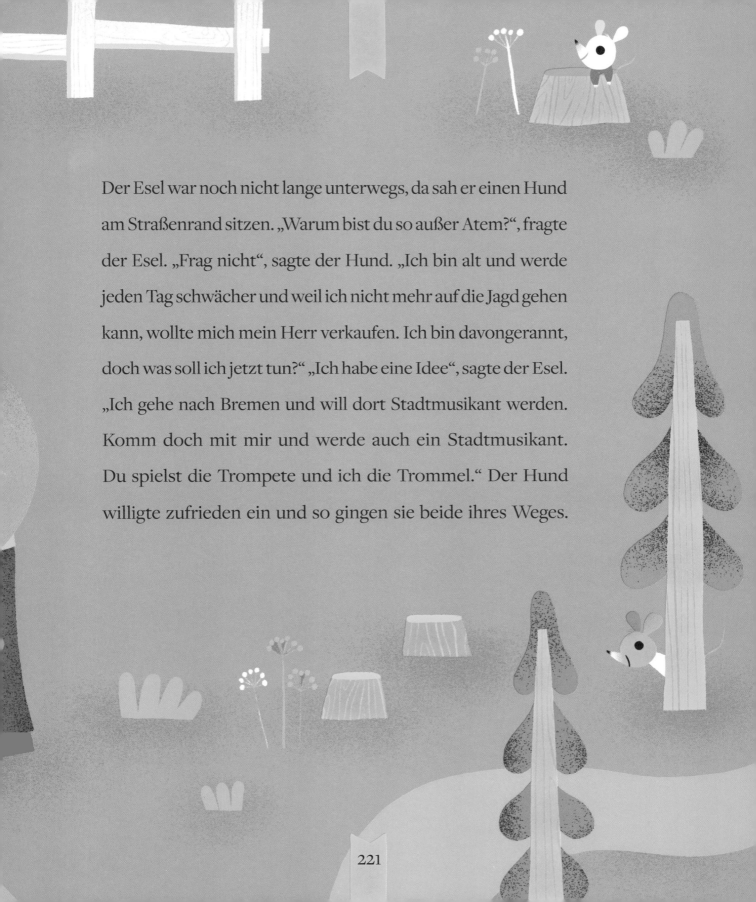

Der Esel war noch nicht lange unterwegs, da sah er einen Hund am Straßenrand sitzen. „Warum bist du so außer Atem?", fragte der Esel. „Frag nicht", sagte der Hund. „Ich bin alt und werde jeden Tag schwächer und weil ich nicht mehr auf die Jagd gehen kann, wollte mich mein Herr verkaufen. Ich bin davongerannt, doch was soll ich jetzt tun?" „Ich habe eine Idee", sagte der Esel. „Ich gehe nach Bremen und will dort Stadtmusikant werden. Komm doch mit mir und werde auch ein Stadtmusikant. Du spielst die Trompete und ich die Trommel." Der Hund willigte zufrieden ein und so gingen sie beide ihres Weges.

Bald schon begegneten sie einer Katze. Die blickte drein wie drei Tage Regenwetter. „Was ist denn dir in die Quere gekommen, alter Bartputzer", sagte der Esel. „Wer kann fröhlich sein, wenn es ihm an den Kragen geht?", antwortete die Katze. „Weil ich nun alt bin, meine Zähne stumpf werden und ich lieber hinter dem Ofen sitze und schnurre, als nach Mäusen zu jagen, will mein Frauchen mich nicht mehr haben Also bin ich weggelaufen. Ich weiß aber nicht, was nun aus mir werden soll." „Komm mit uns nach Bremen", sagte der Esel, „und werde wie wir ein Stadtmusikant. Du kannst die Geige spielen." Der Katze gefiel diese Idee und so machte sie sich mit dem Esel und dem Hund auf den Weg.

Bald kamen die drei Wanderer an einem Hof vorbei. Dort krähte der Hahn aus Leibeskräften. „Dein Geschrei geht einem durch Mark und Bein", sagte der Esel. „Was ist los mit dir?" „Am Sonntagmorgen kommen Gäste und daher hat die Hausfrau der Köchin befohlen, Suppe aus mir zu kochen. Deshalb krähe ich so laut wie möglich, solange ich noch kann." „Komm lieber mit uns", sagte der Esel. „Wir gehen nach Bremen und werden dort Stadtmusikanten. Du hast eine kräftige Stimme und wenn wir gemeinsam musizieren, wird es herrlich klingen." Dem Hahn gefiel der Vorschlag und so gingen die vier zusammen weiter.

Doch Bremen war zu weit entfernt, um es an einem Tag zu erreichen. Am Abend erreichten sie einen Wald. Der Hahn flog hoch auf einen Baum und sah sich um. In der Ferne brannte ein Licht. Er rief seinen Freunden zu, dass nicht weit weg ein Haus sein musste. „Lasst uns dorthin gehen", sagte der Esel. „Ich möchte nicht auf dem harten Waldboden schlafen müssen."

Das Haus wirkte warm und gemütlich. Der Esel lief, weil er der Größte war, zum Fenster und schaute hinein. „Was siehst du?", fragte der Hund. „Was ich sehe?", antwortete der Esel. „Einen reich gedeckten Tisch mit Essen und Trinken, um den Räuber sitzen und es sich gut gehen lassen."

„Das Haus wäre perfekt für uns, um dort die Nacht zu verbringen", sagte der Hahn. „Ach, wären wir doch nur an ihrer Stelle", sagte der Esel. Gemeinsam schmiedeten sie einen Plan, wie sie die Räuber aus dem Haus verjagen könnten. Der Esel stellte seine Vorderläufe auf das Fensterbrett, der Hund kletterte auf den Rücken des Esels, die Katze sprang auf den Rücken des Hundes und der Hahn flog der Katze auf den Kopf. Auf ein Zeichen hin fingen sie an, ihre spezielle Musik zu machen. Der Esel schrie, der Hund bellte, die Katze miaute und der Hahn krähte aus Leibeskräften.

Als die Räuber das entsetzliche Geschrei hörten, fuhren sie in die Höhe. Die Tiere zählten bis drei und stürzten sich dann durch das Fenster in die Stube. Die Räuber glaubten, ein Gespenst würde sie angreifen, und sie flüchteten sich vor Schreck in den Wald. Die vier Gesellen setzten sich an den üppig gedeckten Tisch. Sie aßen und tranken, als hätten sie seit Wochen schon nichts mehr bekommen. Die Tiere kosteten von allem und sangen Lieder. Sie lachten und freuten sich, dass ihr Plan aufgegangen war und sie die Räuber in die Flucht hatten schlagen können. Als sie alles aufgegessen hatten, legten sie sich zum Schlafen nieder.

Sie machten das Licht aus und jeder fand einen bequemen
Schlafplatz. Der Esel legte sich im Freien unter ein Dach,
der Hund fand einen Platz neben der Tür, die Katze machte
es sich neben einer warmen Feuerstelle gemütlich und
der Hahn entdeckte einen Aussichtspunkt oben
auf dem Dach. Da sie nach ihrer langen Reise
sehr müde waren, schliefen sie schnell ein.

Um Mitternacht, als die Räuber von weitem sahen, dass kein Licht mehr brannte, und alles ruhig schien, schickte der Hauptmann einen Räuber zurück zum Haus, um nachzusehen, ob noch jemand dort wäre.

Als der Räuber das Haus betrat, war alles still. Er wollte ein Licht anzünden und glaubte, die funkelnden Augen der Katze seien glühende Kohlen, an denen sich ein Holz leicht entzünden würde. Die Katze aber sprang ihm ins Gesicht, miaute und kratzte. Der Räuber schrie vor Schreck auf und wollte davonlaufen, doch der Hund kam angerannt und biss ihm ins Bein. Als er in den Garten stürzte, gab ihm der Esel noch einen Tritt mit dem Hinterbein. Der Hahn, der durch den Lärm aufgeweckt wurde, schrie: „Ki-ke-ri-ki!"

So schnell wie er nur konnte lief der Räuber zu seinem Hauptmann zurück. „Hilfe! In dem Haus ist eine grauenvolle Hexe, die hat mich angehaucht und mir mit ihren langen Fingernägeln das Gesicht zerkratzt. An der Tür steht ein Mann, der mir mit seinem scharfen Messer ins Bein gestochen hat, und im Garten lauert ein dunkles Ungetüm, das mit

einem Knüppel auf mich eingeschlagen hat. Und oben, auf dem Dach, da sitzt der Richter und schreit: ‚Bringt mir den Schurken!' Ich bin davongerannt, so schnell ich konnte." Von nun an trauten sich die Räuber nicht mehr in die Nähe des Hauses. Und da es den vier Bremer Stadtmusikanten dort so gut gefiel, beschlossen sie, zu bleiben.

Die Tiere musizierten im
Wald miteinander und lebten
glücklich und zufrieden bis an
ihr Lebensende.

HIER LANG

ODER

DA LANG

ENDE